D1641715

Tom Hörner

Endlich gscheit gscheit

TOM HÖRNER

Endlich gscheit gscheit!
Über die Geheimnisse des Schwabenalters

Mit Zeichnungen von Uli Gleis

Silberburg·Verlag

Der Autor:
Tom Hörner, 1961 in Stuttgart geboren, ist seit 1991
Redakteur bei den »Stuttgarter Nachrichten«,
dort seit drei Jahren Kolumnist in der Lokalredaktion.
Außerdem schreibt er Texte für das Kabarett
»NeueMuseumsGesellschaft« und er freut sich, wie er
selbst sagt, seit er 40 ist, »über jeden Tag, an dem
ich schmerzfrei aufstehen kann«.

Der Zeichner:
Uli Gleis, Jahrgang 1961, studierte Graphik-Design
an der Staatlichen Akademie der Bildenden
Künste in Stuttgart mit den Schwerpunkten Illustration
und Trickfilm. Seit 1987 arbeitet er als Illustrator
und freier Graphik-Designer. An der Berufsakademie
Ravensburg und am Zeicheninstitut der Universität Tübingen ist er als Dozent für illustratives
Zeichnen tätig. Uli Gleis lebt und arbeitet
in Tübingen.

1. Auflage 2007

Das Gedicht »Erkenntnisse eines Schwaben«
von Winfried Wagner ist dessen Buch »Mir Schwoba
send halt ao bloß Menscha« entnommen;
Nachdruck mit freundlicher Genehmigung der
Knödler-Verlag GmbH, Reutlingen.
Umschlaggestaltung: Uli Gleis, Tübingen.
Druck: Gulde-Druck, Tübingen.
Printed in Germany.

ISBN: 978-3-87407-740-8

Besuchen Sie uns im Internet
und entdecken Sie die Vielfalt
unseres Verlagsprogramms:
www.silberburg.de

INHALTSVERZEICHNIS

ZUM GELEIT

Warum dieses Buch? Gegenfrage: Warum nicht? Irgendjemand musste es schreiben. Und wenn ich es nicht getan hätte, dann hätte es jemand anderes getan. Außerdem wollte ich schon immer mal etwas schreiben, das mit einem Geleitwort beginnt. Nur, wen für so ein Geleitwort nehmen? Einen Oberbürgermeister? Einen Landrat? Oder gar einen Ministerpräsidenten? Ich konnte nach reiflicher Überlegung und noch mehr Überzeugungsarbeit mich selbst für das Projekt »Geleitwort« gewinnen. Dies hat den Vorteil, dass ich mich, was die politische, philosophische, unternehmensstrategische Ausrichtung angeht, nur mit mir selbst absprechen musste. Der eigentliche Vorteil aber ist der, dass man dann auch noch das Honorar fürs Geleitwort einstreicht.

Doch lassen Sie uns, liebe Leserinnen und Leser, nach diesen humoristisch eher verhaltenen ersten Sätzen zum eigentlichen Thema kommen, das schon deshalb eine gewisse Brisanz hat, weil die potenzielle Leserschar den vierzigsten Geburtstag bereits hinter sich haben dürfte – oder wenigstens kurz davor ist, ihn hinter sich zu bringen. Das soll nun nicht bedeuten, dass der Mensch jenseits der 40 stündlich mit seiner Abberufung zu rechnen habe. Aber der Mensch jenseits der 40, zumal der männliche, weiß, dass er, wenn alles gut geht und die Statistiker nicht lügen, in etwa seine Lebensmitte erreicht haben dürfte. Er wird also eine Art inneres Zeitkonto aktiviert haben und ist für reine Zeitverschwendung kaum zu begeistern. Er hat gelernt, mit seiner Zeit zu haushalten. Davon sind selbst Nichtschwaben kaum ausgenommen.

Lassen Sie uns also flugs zu einer zentralen Frage dieses Werkes kommen – freilich ohne sie gleich zu beantworten. Also, was ist er nun, der Schwabe, der erst mit 40 gscheit wird? Ist er ein Hinterwäldler, der es einer ihm angeborenen Eigenheit zu verdanken hat, dass er wenigstens ab der Lebensmitte halbwegs durchblickt (ausgerechnet in einer Lebensphase, in der seine Sehkraft nachlässt)? Dem also wenigstens auf halben Weg, quasi als Akt später Gnade, noch ein Licht aufgeht? Oder darf er sich als einer der wenigen Erdenbürger rühmen, die das große Glück haben, wenigstens irgendwann ihr Dasein halbwegs zu durchschauen? Bevor wir diesen Fragen auf den Grund gehen (sollte ich sie vergessen, bitte erinnern Sie mich daran), halten wir das fest, was wir alle schon wissen, aber nie auszusprechen wagten: Ganz gleich, was der das Schwabenalter erreichende Schwabe ist, er wurde und wird verkannt, womöglich gar ignoriert.

Nehmen wir nur mal die Weltliteratur. Der Schwabe, der erst mit 40 gscheit wird, kommt in ihr praktisch nicht vor. Selbst den Autoren der Bibel ist er nicht eine gotzige Randnotiz wert. Wohin das Auge des kunstsinnigen Zeitgenossen blickt, egal ob Oper, Operette, Ballett, Film, Malerei, Bildhauerei, Videoart – der gscheite Schwabe ist nicht existent.

Vor diesem Hintergrund geht es auf den kommenden 3498 Seiten (mal sehen, was nach der Arbeit des Verlagslektors davon noch übrig bleibt) um die Klärung folgenden Sachverhalts: Hat der 40-plus-Schwabe diese Nichtbeachtung verdient? Träfe dies zu, dann wäre der Schwabe an sich nichts anderes als ein anfänglich dumpf vor sich hinbrütender Zellkörper, der vier Jahrzehnte braucht, um in die Kategorie intelligentes Leben aufzusteigen. Aber noch sind wir nicht so weit, um uns in solche Behauptungen versteigen zu können. Nicht nur Sie, liebe Leserinnen und Leser, dürfen gespannt sein. Auch ich bin es, ob dieses Buch jemals zu einem vernünftigen Schluss kommt.

Solange es Schwaben gibt, die im Begriff sind, 40 zu werden, so lange gibt es Schwäbinnen, die in Buchläden rennen und das Personal beknien: »Mein Mann wird 40. Ich brauche ein Buch für ihn. Es sollte was Originelles sein. Aber den ›Shell-Atlas‹ hat er schon.« Nie mehr wird das Personal von Buchläden nach Erscheinen dieses nun vor Ihnen liegenden Werkes von solchen Fragen peinlich berührt sein und zurückfragen: »Ja, liest er denn schon?« Oder: »Was fährt er denn so?« Oder: »Darf's auch was ohne Bilder sein?« Fortan genügt ein beherzter Griff ins Regal (oder am besten in den Stapel gleich neben der Kasse), und die Schwäbin geht in vollem Besitz dieses Büchleins und mit der Gewissheit von dannen, dass der Geburtstag und die nächsten 40 Jahre gerettet sind.

Bevor wir nach diesem Geleitwort vollends ins Thema hineinleiten (Geleitwort/hineinleiten; man beachte bereits in dieser frühen Phase des Werks die Neigung des Autors zu verblüffenden Wortspielen), noch eine Bemerkung zum Titel. »Endlich gscheit gscheit« klingt natürlich halbwegs gscheit. Aber ursprünglich hätte das Buch mit dem Titel »Das Methusalem-Kompott« auf den Markt kommen sollen. Doch die Buchmacher waren von diesem zugegeben billigen PR-Gag nicht zu überzeugen. Wie Sie sich vielleicht erinnern, hat ein gewisser Frank Schirrmacher aus Frankfurt/Main vor einiger Zeit ein Buch mit dem Titel »Das Methusalem-Komplott« geschrieben. Nicht dass ich dieses Buch je gelesen hätte oder vorhätte, es jemals zu lesen. Aber allein das Wissen, dass Schirrmacher gebiert wie nicht gscheit, womöglich noch schneller schreibt, als er denkt, und dass sein Intellekt kaum zwischen zwei Buchdeckel passt und sich seine Bücher wie blöd verkaufen, hat mich bewogen, sagen wir mal, mich von diesem Titel inspirieren zu lassen. Anfangs war auch noch der Verleger dieses Buches für »Das Methusalem-Kompott« Feuer und Flamme. Bei einer morgendlichen Vorbesprechung zu diesem Werk war er dermaßen begeistert, dass er alle anwesenden Brezeln spontan mit Butter bestreichen ließ. Der Autor wiederum war von dieser großzügigen Geste dermaßen berührt, dass ihm außer »Das Methusalem-Kompott« nichts anderes mehr einfallen wollte.

Alles schien supi zu laufen, wie wir jungen Leute zu sagen pflegen. In den Presseunterlagen hätten wir behauptet, der Titel »Das Methusalem-Kompott« habe eine tiefere Bedeutung, beschäftige sich das Werk doch mit einer Lebensphase jenseits des vierzigsten Lebensjahres – und die sei in der Steinzeit nur von Methusalems erreicht worden. Doch dies, liebe Leserinnen und Leser, wäre nur ein Argument fürs Feuilleton gewesen. Ihnen hätte ich jedoch bereits an dieser Stelle reinen Wein eingeschenkt. Ich bin mir sicher, das wäre unter uns geblieben, da die Lektüre der werten Pressevertreter kaum über den Klappentext hinausgeht. Wenn man erreichen möchte, dass diese Damen und

Herren ein Buch durchblättern, dann gelingt das nur, indem man kolportiert, der Verleger habe außer dem Buch auch das Autorenhonorar verlegt. Der 50-Euro-Schein müsse irgendwo zwischen den Seiten eines Presseexemplars stecken.

Dann aber traf eine SMS des Verlegers ein, der mit seiner Jacht vermutlich gerade übers Mittelmeer schipperte. Der Inhalt war so kurz wie niederschmetternd: »Buchtitel ›Das Methusalem-Kompott‹ abgelehnt. Neuvorschläge bis Mitternacht. Sonst Projekt geplatzt.« Später meldete er sich übers Satellitentelefon und erklärte, seine Buchmacher würden glauben, dass mit dem Titel nicht die erhoffte Millionenauflage zu erreichen sei. Die Sache mit dem Zaster hat mich überzeugt. Da mir nichts einfiel, erging an die Universität Tübingen, Fachbereich Rhetorik, ein Forschungsauftrag. Per Straßenumfrage sollte der absatzträchtigste Titel herausgefunden werden. Das Ergebnis dieser Suche können Sie dem Buchdeckel entnehmen.

Bereits im Geleitwort möchte ich all jenen Besserwissern schwäbischer Zunge den Wind aus den Segeln nehmen, die dies Buch für überflüssig halten wie einen Kropf (gern hört man in diesen rüden Zeiten auch die Formel: wie die Eier vom Papst. Oder auch: Etwas sei mehr als flüssig, nämlich überflüssig). Schließlich, so deren Argument, sei doch von Garmisch bis Flensburg bekannt, dass der Schwabe erst mit 40 gscheit werde. Was müsse man also darüber noch ein Buch schreiben und, in letzter Konsequenz, dem Abholzen der Wälder Vorschub leisten? Es schreibe ja auch keiner darüber, warum die Erde rund ist und warum der Wickert schon wieder ein Buch veröffentlicht hat. Es gebe kosmische Gegebenheiten, an die sich die Menschheit gewöhnt habe. Basta! Die lohne es nicht zu hinterfragen.

All jenen möchte ich an dieser Stelle in Großbuchstaben zurufen: BRÜDER UND SCHWESTERN! LASST EUCH VON MIR AN DIE HAND NEHMEN UND STEIGT MIT MIR HINAB IN SPIRITUELLE TIEFEN. LASST UNS DAS LICHT SCHAUEN – AUCH WENN FÜR GEWÖHNLICH IN TIEFEN KEIN LICHT ZU ERWARTEN IST, NICHT MAL EIN SPIRITUELL BEFEUERTES.

Doch kehren wir zum Kleingedruckten zurück (schon deshalb, weil in Großbuchstaben gedruckt mehr Seiten zusammenkämen und noch mehr Wälder dran glauben müssten). In aller Bescheidenheit möchte der Autor darauf hinweisen, dass er die 40 bereits hinter sich hat (auch wenn man ihm das nicht ansieht). Er hat also jene höhere Daseinsstufe eines Schwaben erreicht, in der von ihm weder ein Lohkäs noch ein Lalabäbel zu erwarten sind – immer vorausgesetzt, der Volksmund spricht die Wahrheit.

Eine Frage treibt den Autor um, seit er den Vertrag zu diesem Werk unterschrieben hat: Gibt es wissenschaftliche Belege, die die These vom Schwabenalter untermauern? Seien Sie beruhigt, liebe Leserinnen und Leser, Sie werden jetzt weder mit Diagrammen noch mit hochtrabenden Forschungsergebnissen belästigt. Denn nichts davon ist existent. Aber das bedeutet natürlich nicht, dass die These vom Schwabenalter falsch ist. Viel näher liegt auch hier die Vermutung, dass sich bisher niemand die Mühe gemacht hat, eine unumstößliche Volksweisheit mit aufwändigen Wald-, Feld- und Wiesenstudien zu belegen. Auch wir werden diesem Versäumnis im Folgenden nicht abhelfen, ist dieses Buch doch nach der ersten Maxime des englischen Popstars Robbie Williams geschrieben: Let me entertain you.

ALLER ANFANG IST BÄR
ODER:
WAS IST GSCHEIT?

Wo wir gerade so lustig beieinander sind und Sie sich von dieser scherzhaft komischen Überschrift noch kaum erholt haben dürften, haken wir doch gleich eine besonders gscheite Frage ab: Was ist eigentlich »gscheit«? Und warum hat der Autor das e weggelassen und schreibt nicht »gescheit«. Ist das Ausdruck schwäbischer Päpheit?

Lassen Sie mich die zweite Frage zuerst beantworten: Der Autor schreibt »gscheit«, weil kein rechter Schwabe jemals »gescheit» sagen würde. Dies geht sogar so weit, dass sich ein ehemaliger deutscher Bundesminister nicht Gescheidle, sondern Gscheidle nannte (die Sache mit dem d an Stelle von t mögen Sie bitte übersehen). Das weggelassene e hat dem gebürtigen Stuttgarter Kurt Gscheidle (1924–2003) allerdings nicht viel genutzt: Oft musste sich der tapfere Mann zu Lebzeiten von Journalisten, die des Schwäbischen nicht mächtig waren, als »Herr Gescheidle« ansprechen lassen. Interessant erscheint mir in dem Zusammenhang, dass der SPD-Politiker zwar etliche Jahre Bundesverkehrs- beziehungsweise Bundespostminister war, bei Briefmarkensammlern aber vor allem wegen eines Irrtums in Erinnerung geblieben ist: Durch ein Missgeschick seiner Frau kamen 1982 einige Exemplare einer Sondermarke in Umlauf, die eigentlich zu den Olympischen Sommerspielen 1980 in Moskau hätten erscheinen sollen. Frau Gscheidle (auch in der weiblichen Form wird das e im Schwäbischen nicht gesprochen) hatte die Marken, die nur als Vorlage für das Postministerium gemünzt waren, für ihre private Korrespondenz benutzt. Das Dumme war, dass die Briefmarken wegen des Boykotts der Spiele offiziell nie herausgegeben wurden. Die Gscheidle-Marke gilt in Fachkreisen als echte Rarität, als schwäbische Mauritius.

Doch verlassen wir die Welt der Philatelie und richten unser Augenmerk auf den Wortsinn von »gscheit« beziehungsweise »Gscheitheit«, Begriffe, die gar nicht so einfach zu fassen sind. Das Problem hängt damit zusammen, dass man Gscheitheit nicht messen kann wie Bluthochdruck, menschliche Intelligenz oder Epo im Urin. Folglich kann man die Gscheitheit, anders als die Intelligenz, auch nicht mit einem Quotienten festmachen, einem GQ. Nebenbei bemerkt spricht man im schwäbischen Sprachraum auch selten von IQ, weil das Kürzel eine gewisse Doppeldeutigkeit besitzt und den Verdacht erwecken könnte, eine Frau bezichtige sich selbst als Rindvieh: I Kuh.

Der Begriff »gscheit« könnte fast als eine Art Lockruf verstanden werden, mit dem sich Schwaben auch in der Ferne finden. Mir jedenfalls ist ein Fall aus dem fernen Hessen bekannt, bei dem »gscheit« als Schlüsselwort diente. Es fing alles damit an, dass sie, eine kluge, frauenbewegte Maid, die dem Männlichen nicht gänzlich abgeneigt war, eine Kontaktanzeige folgenden Wortlauts aufgegeben hatte: »Gscheite Frau sucht gscheiten Mann«. Als der Mann diese Anzeige las, ward ihm klar, dass hinter der Anzeige eine rechte, also gscheite Schwäbin stecken musste. Zwar war der Mann selbst des Schwäbischen kaum mächtig, aber er hatte lange genug im Schatten des Hohen Aspergs gelebt, um zu erkennen, dass es sich hier um eine Landsmännin aus der alten Heimat handeln musste. Jedenfalls funkte es bei den beiden ganz gscheit.

Eine vergleichsweise gscheite Ansicht in Sachen schwäbischer Gscheitheit vertritt Peter-Michael Mangold, ein Kenner der schwäbischen Seele und des schwäbischen Dialekts, der im Internet ein exzellentes mundartliches Wörterbuch betreibt. Der Mann ist zwar schon einiges jenseits der 40, aber trotz potenziell eingetretener Erleuchtung auf angenehme Weise bescheiden geblieben: Er selbst, schreibt er, »warte immer noch auf den Beginn des Schwabenalters«. Aber man mag das dem Peter-Michael Mangold kaum abnehmen, wenn man im Folgenden liest: »Gscheit kann meiner Meinung nach auch ein Mensch sein, der zwar keine übermäßigen Geistesgaben, aber dafür sehr viel emotionale Intelligenz hat.«

Emotionale Intelligenz – das heißt, der 40-plus-Schwabe spürt, wo's langgeht. Seine Gscheitheit hat also mit Schläue zu tun, mit Reife, mit Lebens-, ja vermutlich sogar mit Überlebensfähigkeit. Doch schauen wir uns einfach mal einen Schwaben an der Schwelle seines Vierzigsten an. Vor kurzem ist er noch bierernst durchs Leben gestapft. Ein Minimum an Humorfähigkeit schien er erst mit dem Erlangen der Fahruntüchtigkeit, also weit jenseits der 0,5-Promille-Marke, zu entwickeln. Doch nun, just beim Erwachen an seinem 40. Geburtstag (wenn es auch in Wahrheit sein 41. ist, weil der erste Geburtstag eines Menschen der Tag seiner Geburt ist – aber wir wollen nicht kleinlich sein), an jenem Morgen also blitzt es knitz aus seinen Äuglein. Plötzlich schaut der Kerle so

verschmitzt drein, dass man ihn fast nicht wiedererkennt. Es hockt ihm dermaßen der Schalk im Nacken, dass er nur schwer aus dem Bett kommt – was allerdings auch damit zusammenhängen könnte, dass man am Vorabend im kleinen Kreis bereits kräftig in seinen Geburtstag hineingefeiert hat.

Willkommen im neuen Leben, lieber Schwabe, das du anfangs noch etwas benommen und von Kopfschmerzen gepeinigt wahrnimmst. Aber bald schon, meist nach wenigen Tagen, wird dir das wahre Ausmaß deiner Wiedergeburt bewusst. Das Jammertal, in dem du dich regelmäßig in zwischenmenschlichen Scharmützeln aufgerieben hast, ist ein für alle Mal durchschritten. Zwar denkst du öfter als jemals zuvor »l. m. a. A.«. Aber du sprichst es kaum noch aus. Denn du, das wird dir an jenem Morgen ganz unbewusst bewusst, wirst dich künftig um die wirklich wichtigen Dinge im Leben kümmern und auf Elternabenden und anderen Nebenkriegsschauplätzen kaum mehr zu finden sein. Du kannst dich voll und ganz aufs Kerngeschäft konzentrieren.

Und was das Kerngeschäft ist, das legt kein anderer fest als du selbst, der 40-plus-Schwabe. Es geht dir darum, dass dein Auto unbeanstandet durch den TÜV kommt, obwohl dein Schwager die Bremsleitung nur mit Präservativen geflickt hat. Oder darum, dass sich dein Videorekorder rechtzeitig am Sonntagabend zum »Tatort« einschaltet. Oder darum, dass dein Butterbrot, obwohl alle physikalischen Gesetze dagegen sprechen, beim Runterfallen auf die unbestrichene Seite fällt. Es sind die kleinen Dinge im Leben, die dir Freude bereiten – weil du weißt, dass du Großes nicht mehr zu erwarten hast.

Dieser eigenwillige Zustand, der mit Resignation übrigens nichts zu tun hat, erlaubt es dem nunmehr mega-gscheiten Schwaben, über den vermeintlich wichtigen Dingen zu stehen, was mit einer äußeren wie inneren Entspanntheit einhergeht. Diese Entspanntheit rührt daher, dass er, siehe oben, im Grunde weiß, dass es das war. Es ist ihm vollkommen klar: Da er es mit 39 nicht zum Fraktions- oder Parteivorsitz einer im Bundestag vertretenen politischen Partei gebracht hat, wird es mit der Bundeskanzlerkarriere in diesem Leben nichts mehr. Er weiß: Die Chance, es zum Bundesligaprofi zu bringen, schwindet mit jedem weiteren Spieltag bei den alten Herren. Er weiß: Die Vorsorgeuntersuchung ist keine Idee der Ärzteschaft, um den Krankenkassen das Geld aus den Taschen zu ziehen; er ist in den erlauchten Kreis potenzieller Kandidaten vorgedrungen. Das alles weiß er.

Hätte ihm jemand vor Jahren diese unumstößlichen Tatsachen vor Augen geführt, es wäre eine große Unruhe in ihm aufgestiegen. Nun aber erlaubt es ihm seine Reife, die Wahrheit zu ertragen, ja mehr noch: Sein Zustand entzieht diesen unumstößlichen Tatsachen jegliche Bitternis. Der Schwabe jenseits der 40 wird von einer Dankbarkeit aufrechterhalten, die nur mit jenem Gemütszustand zu vergleichen ist, der die Deutschen nach dem Zweiten Weltkrieg angetrieben hat: Hurra, wir leben noch. Ein Schwabe, der von seinen lebenden Vorfahren noch was zu erwarten hat, würde es so ausdrücken: Hurra, ich erbe noch!

Dieser altersbedingte Reifeprozess ist auch der Hauptgrund dafür, dass der Schwabe so gut wie nie von der so genannten Midlife-Crisis heimgesucht wird (und das hängt nicht nur damit zusammen, dass er nicht weiß, wie man sie schreibt).

Während Angehörige anderer deutscher Landsmann-
schaften für gewöhnlich mit 40 anfangen, zum Therapeuten
zu laufen, läuft der Schwabe nirgendwohin. Er ist angekommen – und zwar bei jenem Menschen, der ihm schon immer
der wichtigste und nächste war, bei sich selbst. Plötzlich ver-
steht er auch, was der US-Filmregisseur Woody Allen mit
der Behauptung, »Onanie ist Sex mit einem Menschen, den
man wirklich liebt«, gemeint haben könnte.

Kleinere Schicksalsschläge (sein Weib springt nicht mehr
auf ihn an) steckt der 40-plus-Schwabe locker weg. Selbst
mit größeren (sein Wagen springt nicht mehr an) weiß er
sich zu arrangieren – wenn gar nichts mehr geht, holt er
halt den ADAC. Sogar der gefürchteten Schicksalsschlag-
kombination Führerschein weg, Auto weg, Weib weg,
Kinder weg gelingt es nicht, dass dem gereiften Schwaben
seine genetisch verankerte Ruhe flöten geht.

Er ist der Fels in der Neckarbrandung. Ihn haut so leicht
nichts mehr um. Mannhaft erträgt er die Unannehmlich-
keiten des Lebens, denn im Grunde, das sagt ihm ständig seine innere Stimme, hätte alles noch viel schlimmer
kommen können. Wenn ihm im Moment auch nicht einfällt, wie eine solche Steigerung aussehen könnte, so ist
er doch von großer Dankbarkeit gerührt: »Älles halb so
wild. Hauptsach, i ka morgens no uffstanda.« Und falls es
mit dem Aufstehen nicht mehr klappen sollte, wirft ihn
auch das nicht um: »Frir wär i froh gwäh, wenn i hät liga
bleiba kenna.« Der Schwabe ist nun das, was man auf gut
Hochdeutsch als Lebenskinschtler bezeichnet.

Kleiner Hinweis an alle Frauen, die mit einem 40-plus-
Schwaben zusammenleben, von alledem aber noch nichts

gespürt haben: Dann haben sie, meine Damen, ein besonders bescheidenes Exemplar erwischt, das mit den Errungenschaften des Alters nicht hausieren geht.

Dass die Welt für unseren gereiften Schwaben mit jedem Tag erträglicher wird, hängt aber auch damit zusammen, dass er sie beim Wort nimmt – und so aus dem Lachen oft gar nicht mehr herauskommt. Nehmen wir nur mal ein Reklameplakat, das eines schönen Spätsommers landauf, landab im Schwäbischen tapeziert war. Es warb für die Landwirtschaftliche Hauptausstellung, die alle paar Jahre auch Menschen aus ländlichen Regionen einen Anlass bietet, das Cannstatter Volksfest zu besuchen. Auf dem Plakat war ein Kalb abgebildet sowie der Spruch »Entdeck' den Bauern in dir«. Entdeck' den Bauern in dir? Unser schwäbischer Neuvierziger, eben erst in seiner schönen neuen Welt angekommen, fühlte sich nicht angesprochen. Und doch musste er brüllen vor Lachen. Die potenzielle Adressatin für den Slogan, das sagte ihm sein Gefühl, ist die Bäuerin. Und wenn jetzt eine vorbeigekommen wäre, er hätte ihr aus vollem Hals zugerufen: »Ha, dann mach halt beim Sex die Augen auf.« Oder, um auf eine andere Praxis abzuheben: »Dann dreh di halt um.« Ja, so ist er, der Schwabe jenseits der 40, um keine Zote verlegen. Es könnte ja seine letzte sein.

Im Grunde seines Wesens aber ist der Schwabe jenseits der 40 gutartig – und dankbar wie ein Hund. Es gibt vermutlich kein dankbareres Wesen auf diesem Planeten als den 40-plus-Schwaben. Er freut sich gottsallmächtig drüber, wenn sein Ministerpräsident im Fernsehen auftritt und mit jedem Satz den Beleg erbringt, dass er weder richtig Hochdeutsch noch Schwäbisch kann. Ein ärmlicher, gehetzter Verschlucker ist der Kerle, der aus Baden-Württemberg ein Bdnwrttmbrg gemacht hat, ein selbstlautloses Bundesland, dem er selbst den Bindestrich nicht gönnt. Der Möchtegern-Yuppie aus Ditzingen, Jahrgang 53, ist der klassische Beweis dafür, dass jede Regel (»Der Schwob wird erst mit 40 gscheit«) auch ihre Ausnahme kennt.

Ausnahmen, liebe Leserinnen und Leser, gibt es aber auch in die andere Richtung. Als Schiller seine »Räuber« vollendet hatte, war er gerade Anfang 20. Der Philosoph Georg Wilhelm Friedrich Hegel veröffentlichte sein Hauptwerk »Die Phänomenologie des Geistes« 1807, drei Jahre vor Erlangen des Schwabenalters. Oder nehmen wir unseren Vorzeigedichter Hölderlin (von dem mir ebenso wie vom Oettinger gerade der Vorname nicht einfällt) – auch der musste nicht bis 40 warten, um Druckreifes aufs Papier zu bringen (auch wenn etliches davon erst nach seinem Tod ans Licht kam). Ja, selbst dem Autor dieses Büchleins, der sich um Himmels willen nicht in einem Atemzug mit den eben genannten Großkalibern nennen will, hat bereits im zarten Alter von 39 Jahren ein Gedicht mit dem Titel »Der Frauenfreund« zu Wege gebracht, das er Ihnen nicht vorenthalten will. Doch lesen Sie selbst:

Liebste Freifrau von Hütten
Bezüglich Ihrer Titten
Auf die die Männer stieren
Muss ich intervenieren

Da glotzen alte Böcke
Gestützt auf krumme Stöcke
Und auch den ganz, ganz jungen
Den tun Sie nicht entkummen

So kann das doch nicht weitergehn
So werden Sie im Handumdrehn
Zum Objekt der Begierde
Wo bleibt denn da die Würde

Drum liebste Frau von Hütten
Bezüglich Ihrer Titten
Schlag ich Ihnen ganz einfach vor
Vergrößern Sie sich doch ein Ohr
Und später auch das zweite
Das wär mir eine Freude
Dann schaut die halbe Männerwelt
Getrieben von Amoren
Nur noch auf Ihre Ohren

Doch nach diesem kleinen Ausflug in die Niederungen hocherotischer Literatur zurück zum Thema. Bereits die Gewissheit des nahenden Schwabenalters hat manchmal schon fatale Auswirkungen, wie uns das Beispiel des schwäbischen Flugpioniers Hermann Köhl lehrt. Ihm verlieh der anstehende Vierziger gewissermaßen Flügel, obwohl er den österreichischen Energy-Schocker Red Bull kaum gekannt haben dürfte. Der kühne Pilot hob am 12. April 1928 von Irland aus mit zwei Kopiloten ab, um als erster Mensch den Atlantik auf der Westroute zu überfliegen. Köhl, 1888 in Neu-Ulm geboren und somit durchaus dem schwäbischen Kulturkreis zuzurechnen, hätte das seinerzeit weltweit bestaunte Unternehmen womöglich nie gestartet, wäre er nicht kurz vor seinem Vierzigsten gestanden. Der Luftikus wörtlich: »Ich selbst hatte noch einen anderen Grund, so schnell wie möglich abzufliegen: In drei Tagen wurde ich 40 Jahre alt. Da ich ein Schwabe bin und wir mit 40 gescheit werden sollen, musste ich machen, dass ich vor Eintritt dieses merkwürdigen Zustandes abhaute. Ich konnte ja nicht wissen, ob ich nicht so gescheit würde, dass ich überhaupt kehrtmachte und nach Deutschland zurückflog.« Bevor ich gscheit werde, dachte sich Köhl, mach' ich noch einmal einen rechten Blödsinn – und ging damit in die Geschichte der Luftfahrt ein. Es war das drohende Schwabenalter, das den Flieger zu seiner Höchstleistung trieb. Der nahende Geburtstag wirkte wie ein Katalysator.

DIE
WARUM-ERST-MIT-40-FRAGE

Eine der am häufigsten von Auswärtigen gestellten Fragen ist: Warum wird der Schwabe erst mit 40 gescheit und nicht schon vorher? Wenn wir nicht irren, dann schwingt da ein gewisser Vorwurf mit. Dann qualifiziert uns das Wörtchen »erst« zu den Spätzündern der Nation, zu hirnverbrannten Deppen, zu den Ostfriesen des Südens.

Der Vorwurf scheint nicht ganz neu. Bereits in seiner 1521 erschienenen Beschreibung der Sitten und Gebräuche aller Stämme, »Omnium gentium mores et ritus«, schrieb Johannes Böhm, einer der ersten deutschen Volkskundler, über die Schwaben: »Sero respiscunt« – was frei übersetzt so viel bedeutet wie: »Sie kapieren spät.«

Etwas differenzierter ging der Berliner Friedrich Nicolai das Problem ein Vierteljahrtausend später an. 1781 wies Nicolai darauf hin, dass der Charakter der Schwaben oft »auf die unbilligste Art missdeutet« worden sei. Er bescheinigte ihnen »Gemächlichkeit, Zufriedenheit und Ruhe sowie eine gewisse Treuherzigkeit und ein unbefangenes Wesen«. Dies führe dazu, dass dem Schwaben nichts ferner sei als die Arglist und er sie »bei anderen auch nicht vermuthet«. Lassen wir uns das auf der Zunge zergehen, liebe Schwaben. Schöner hat es noch keiner formuliert, dass wir zu gut für diese Welt sind. Doch weiter im Text. Wenn nun ein Schwabe seinen Vorteil nicht wahrge-

nommen habe, so Nicolai weiter, dann sei ihm das oft als Dummheit ausgelegt worden. Von wegen »Tue Gutes und rede darüber« – wir tun Gutes und die Welt spricht schlecht über uns. Was das Schwabenalter angehe, das für Friedrich Nicolai interessanterweise erst mit 50 begann, so habe das nichts damit zu tun, dass die Entwicklung der Verstandeskräfte erst spät einsetze, sondern damit, dass der Schwabe nun erst seinen Verstand zu seinem eigenen Vorteil nutze. Schwäbisch ausgedrückt: Dass er nun mit sich nicht mehr Hugoles machen ließe.

Auch ich habe über der Frage »Warum ERST mit 40?« nächtelang gebrütet. Ich habe mich im Bekanntenkreis umgehört, in Witzbüchern geblättert, ja in meiner Verzweiflung gar wildfremde Menschen auf der Straße angesprochen. Diese knallharte, bis an die Grenzen der Selbstzerfleischung gehende Recherche war auch bitter nötig. Die Aktenlage zum Thema ist, wie eingangs bereits erwähnt, eher dünn und schließlich sollte dieses Büchlein, wenn auch nicht mit Sinn, so doch immerhin mit Buchstaben gefüllt werden. Am Ende bin ich dann doch noch zu einem Ergebnis gekommen, das hiermit der Weltöffentlichkeit präsentiert werden soll. Dieser Moment, liebe Leserinnen und Leser, verlangt eine gewisse Feierlichkeit. Leider war der Verleger nicht davon zu überzeugen, dem Büchlein eine CD beizulegen und so müssen Sie sich die Fanfarenklänge und die direkt daran anschließenden Trommelwirbel einfach denken: Tätätätäääää!!! Ladies and Gentlemen, we proudly present die einzig wahre Antwort auf die Frage: »Warum wird der Schwabe erst mit 40 gscheit?«.

Ach so, bevor ich's vergesse: Die Sache hat es verdient, in einem entsprechenden Rahmen dargeboten zu werden.

Stellen Sie sich also eine Atmosphäre wie bei der Oscar-verleihung im Kodak Theatre in Hollywood/Kalifornien vor. Die Reichen und Schönen sind den schweren Limousinen entstiegen und haben bereits im Saal Platz genommen. Der Schauspieler Michael Douglas tritt im Smoking ans Mikrofon (die Herren können sich gern auch eine zutiefst ausgeschnittene Halle Berry denken), öffnet einen weißen Umschlag und liest: »Die Antwort auf die Frage, warum der Schwabe erst mit 40 gscheit wird, lautet: Der Schwabe wird erst mit 40 gscheit, weil er davor keine Zeit hat. Er ist zu beschäftigt.« Totenstille im Saal, dann einzelne schüchterne Klatscher – und schließlich bricht er los, ein Applaus, wie es ihn seit den elf Oscars für »Ben Hur« nicht mehr gegeben hat. 90 Prozent der im Saal anwesenden Damen stöhnen orgiastisch. »Keine Zeit? It's unbelievable!« röchelnd brechen sie zusammen. Rettungssanitäter eilen herbei, die Szenerie wird unübersichtlich und so verlassen wir lieber wieder den Ort der Ekstase. Denn schließlich wollen wir alle auch wissen, was es ist, das den Schwaben dermaßen umtreibt.

Dass er schaffen muss wie ein Brunnenputzer, leuchtet ein. Das ist das, was die Welt von ihm erwartet, seit ihr der Schlager »Schaffa, schaffa, Häusle baua« zu Ohren gekommen ist. Ganz konkret schaut das heutzutage so aus: Der Schwabe muss ein Haus pflanzen, ein Kind bauen und einen Baum zeugen. Und erst, wenn das alles vollbracht ist, dann kann er durchschnaufen, was selbst in großstädtischer Umgebung trotz zunehmender Feinstaubbelastung unweigerlich zur Dalai-Lamaisierung seines Geistes führt.

Selbst jahrelanger Konsum von Trollinger kann nicht verhindern, dass besagte Bewusstseinsstufe mit Erlangen der magischen 40 erreicht wird. Nicht um Reklame für eine erlaubte Droge aus heimischem Anbau machen zu wollen, sondern weil es einfach das Schriftbild auflockert, möchte der Autor an dieser Stelle ein paar nachdenkenswerte Sätze bezüglich der beliebten Rebsorte zum Besten geben. Der Titel des Gedichts lautet »Reiner Wein«:

Koks, Heroin und Ecstasy
Das setzt mir zu, das macht mich hie
Doch kein Stoff macht mich platt wie er
Der Trollinger, der Trollinger

Wie mit dem Verleger abgesprochen, distanziert sich der Autor sofort von seinen selbst gezimmerten Zeilen. Zum einen, weil er nicht möchte, dass die Wengerter in seiner Nachbarschaft räß werden. Zum andern, weil die Rebsorte Trollinger in den vergangenen Jahren auch bei Berufstrinkern an Ansehen gewonnen hat. Nicht selten kommt es vor, dass der Schwabe jenseits der 40, nachdem er sein Glück in der Toskana oder bei parfümierten Tropfen aus dem Supermarkt gesucht und nicht gefunden hat, wieder reumütig ins heimische Weingärtle zurückkehrt.

Und wo wir gerade bei schönen Gedichten sind. Hier das offizielle Gedicht zum Thema Schwabenalter, geschrieben vom »Humor-Knüller« Winfried Wagner, wie wir es von einer Homepage im Internet geklaut haben und wie es in dem Buch »Mir Schwoba send hald ao bloß Menscha« (Knödler Verlag, Reutlingen) nebst anderen mundartlichen Reimen steht. Nichtschwaben sei empfohlen, es sich von einem Einheimischen vorlesen und übersetzen zu lassen. Wohlan:

A Schwob wird erschd mit vierzga gscheid,
an andrer ed en Ewigkeit.
A jeder hoffd, des Versle schdemmd,
daß oims no do des Brett weg nemmd,
mo manche vor de Auga hend,
ond vorem Hirn, s ischd grad so mend.

Ma moind, daß no an Schnaggler duad,
an Schuggalar däts grad so guad,
ma horchd ganz gschbannd so en sich nai,
ond überlegt sich bei ma Wai,
wiea schee des wär, wenn ma ganz gscheid,
no gscheider wiea de andre Leid,
em Schwätza, Denka, Handla wär,
no dät ma sich hald ed so schwer.

Mit ällam, was mer macha mießd,
mer äwwl ällas besser wießd.
No dät merns zeiga, däne Boß,
ond säß no selber auf em Roß,
dät schempfa, schreia, delegiera,
koin Fenger dät mer no mai riehra.

Mr hedd für ällas saine Leid,
obs des für ons wohl ao mol geid?
Aber was solls, s ischd bloß an Traum,
weil endra duad sich des wohl kaum.
Dr oinzich Goischd, mo en oin fehrd,
der kommt vom Wai, ond en sich herd
mr a Schdemm, s ischd ed zom Juchzga:
Menschenskind, du gohschd uff Fuffzga!

Tja, so ist er, der Schwabe, wie er singt und lacht. Seins bleibt Seins. Eingangs noch alle Nichtschwaben beschimpfen: Auch wenn wir erst mit 40 gscheit werden, ihr werdet es nie. Und dann hinten hinaus wieder bescheiden und in die Möglichkeitsform abtauchen: Der einzige Geist, der in ihn, den Schwaben, jemals gefahren sei, der komme vom Wein, mutmaßlich vom Trollinger.

Man kann dem Trollinger viel vorwerfen, doch mit der im Alter einsetzenden Sehschwäche hat er nichts zu tun. Interessant ist in dem Zusammenhang, dass der 40-plus-Schwabe auch diesen Mangel geradezu locker wegsteckt. Wie es seine Art ist, kann er auch diesem Leiden noch etwas Positives abgewinnen. Es sei, behauptet er, seiner Gemütsverfassung eher zuträglich, wenn er nicht mehr alles so genau sehe. Das fängt bei den Soßenflecken auf dem vor drei Tagen frisch angezogenen Hemd an und hört bei den immer forscher aus Nase und Ohren wachsenden Haarbüscheln noch lange nicht auf. (Siehe hierzu auch Geschenktipp Nr. 28, den Nasenhaarschneider).

Ach so, auch wenn's an dieser Stelle unvermittelt daherkommt: Der Autor möchte sich bei all jenen ihm bekannten Schwaben bedanken, die die magische Grenze bereits überschritten haben und ihm jeden Tag aufs Neue zeigen, wie richtig er mit seinen bisherigen Behauptungen liegt. Der Autor musste das an dieser Stelle einfach loswerden. Normalerweise macht man solche Danksagungen erst am Schluss. Aber der Autor kennt sich lange genug – und weiß: Die Wahrscheinlichkeit, dass er es ganz vergisst, wird mit jedem Tag größer.

WAS SCHENKT
MAN EINEM SCHWABEN ZUM
VIERZIGSTEN?

Was ist heutzutage ein Druckwerk ohne Serviceteil? Ohne Telefonnummern, E-Mail-Adressen, Webseiten-Hinweisen? Ich bin mir sicher, die Bibel könnte ganz neue Leserkreise erschließen, wenn ihre Autoren diesen Punkt mehr beherzigt hätten. Was kostet der Sprit am Ölberg? Wo übernachtet man gut und günstig in Bethlehem? Unter welcher Nummer gibt's die himmlischen Heerscharen als Klingelton fürs Handy? Tja, Jungs, das sind einfach Infos, die man von so einem Wälzer dieses Formats erwarten kann. Was nutzen uns die ganzen gut gemeinten Ratschläge und Lebensweisheiten, wenn man sie nicht kaufen kann? Aus diesem Grund wollen wir in diesem Kapitel mit praktischen Hinweisen nicht geizen. Angenommen, Sie sind bei einem Schwaben, der stramm auf die 40 zugeht, zum Geburtstag eingeladen. Mit was, außer diesem wunderbaren Büchlein, können Sie ihn noch überraschen?

1.

Zu seinem Vierzigsten schenkt man einem Schwaben etwas, das ihn freut, einen selbst aber nichts kostet: die besten Glückwünsche. Die haben Sie ihm zwar zu seinem 39. auch schon geschenkt. Aber diesmal tun Sie es mit noch mehr Herzlichkeit und schauen ihm besonders tief in die Augen. Während zwischen Männern die Bezeichnung »alter Sack« durchaus üblich ist, sollten Gratulantinnen von dieser Anrede Abstand nehmen.

2.

Wer eine Investition nicht scheut, der kann im Familienteil seiner Tageszeitung eine Anzeige schalten. Geeignet scheint mir in dem Fall folgender Text: »Kaum zu glauben, aber wahr, unser Manne ist 40 Jahr. Deine lustigen Egerländer«. Mir ist eine solche real existierende Anzeige noch bestens in Erinnerung, vor allem, weil sie mit dem Bild des Jubilars versehen war – was an sich nicht der Erwähnung wert wäre, hätte das schnauzbärtige Geburtstagskind Manne (Name geändert, ist dem Autor aber bekannt) auf dem Foto nicht wie 55 ausgesehen. Überhaupt, die Sache mit den Vornamen. Natürlich ist es nicht sonderlich komisch, wenn ein Mensch um die 40 Manne genannt wird, obwohl er bürgerlich auf den herrlichen Vornamen Manfred getauft wurde. Komisch wird das Ganze erst, wenn wir bedenken, dass auch dieses Menschenkind mal in Windeln lag und damals ebenfalls auf den Vornamen Manfred gehört haben muss. Oder stellen Sie sich einen süßen kleinen Buben vor, so um die zwei, drei Jahre, rotzfrech und Jochen geheißen. Sie können darüber nicht lachen? Dann heißen Sie vermutlich Jochen.

3.

Ein gestandener 40er ist über das Alter hinaus, in dem er sich über Selbstgebasteltes freuen muss (außer über das seiner Kinder, sollten die das 18. Lebensjahr noch nicht vollendet haben). Dies schützt ihn aber nicht davor, sich Selbstgedichtetes anhören zu müssen. Erstaunlich oft kommen solche Reime von Menschen, die sich bisher als seine Freunde bezeichnet haben. Deshalb, liebe Lese-

rinnen und Leser, frisch ans Werk – und immer daran denken: Auf »Alter« reimt sich »kalter« und auf »Lebensabend« »erquickend und labend«. Natürlich habe ich mir überlegt, ob ich an dieser Stelle nicht mit ein paar Standardgedichten aufwarten soll, bei denen Sie nur Vorname, Geburtstag, Beruf, Steuerklasse und Familienstand des Jubilars eintragen müssen. Dann hat der Verleger gemeint, wir sollten unser Pulver nicht sofort verschießen. Schließlich brauchten wir auch noch Material für Teil zwo, »Endlich gscheit gscheit reloaded«. Der Verleger ist ein weiser Mann, ein Schwabe jenseits der 40.

4.

Nicht jedermanns Sache sind Kleidergeschenke, aber solange man ihnen nicht ansieht, dass sie aus dem Altkleidersack stammen, ist nichts dagegen einzuwenden. Zum Vierzigsten werden gern Klamotten verschenkt, die vier Konfektionsgrößen zu klein sind. »Au, do bisch draus naus gwachsa. Tschuldigung, i hab se noch onsere Konfirmandafodos gkauft.«

5.

Weil der Schwabe mit 40, wie schon das eine oder andere Mal angedeutet, das Leben in seinen Grundzügen durchschaut, wird er sich selbst über eine Flasche Rasierwasser der Marke Tabac Original freuen. Oder zumindest so tun, als täte er es. Schließlich weiß er, dass der nächste 40er in seinem Freundes- und Verwandtenkreis nicht mehr weit ist und er das Rasierwasser auf diesem Weg problemlos entsorgen kann. Es soll einzelne Rasierwasserflaschen geben, die schon seit 50 Jahren in Umlauf sind und bisher eine Strecke zurückgelegt haben, die zehnmal um den Erdball reicht.

6.

Ein persönliches Geschenk, also was fürs Auto, ist nie ein Fehler. Und sollte der Jubilar seinen Führerschein auf der Heimfahrt vom Kegeln eingebüßt haben, freut er sich besonders über eine Fahrerlaubnis aus Polen. Näheres im Internet unter www.fuehrerscheinski-polski.pl

7.

Auch wenn sich's billig anhört, mit einer Kiste Markenbier liegen Sie nie falsch. Gerade beim Vierzigsten sollte man sich aber nicht lumpen lassen und sich folgenden Hinweis verkneifen: »Kansch mr se ja, wenn se leer isch, zrick gäba. Weg'm Pfand.« Eine Kiste CD-Pils von Dinkelacker überreicht man am besten mit den Worten: »Wir alle wissen ja, lieber Karle, an deine Leber kommt kein Wasser, nur CD.«

8.

Bargeld ist offiziell zwar verpönt, aber praktisch. Bevor man sonst irgendeinen Mist geschenkt bekommt, lieber was Habhaftes. Geld kann auch der Schwabe mit 40, ganz gleich, welcher gesellschaftlichen Schicht er entstammt, nie genug haben. Geldgeschenke gelten sogar als originell, wenn sie zweckgebunden ausgehändigt werden. Seit der Einführung der Patientenpauschale erfreuen sich 10-Euro-Scheine bei Vierzigerfeiern großer Beliebtheit. Da der menschliche Zerfall bekanntlich ab 27 einsetzt, im Grunde ein längst überfälliges Geschenk.

9.

Wenn es etwas mehr sein darf, lassen Sie sich nicht lumpen und schieben Sie 10 Euro unter das Schleifchen, das Sie um eine Schokoladentafel gewickelt haben. Das Ganze mit dem Hinweis versehen: »Weil mit 40 allmählich der Zahn der Zeit an einem nagt. Für Deinen nächsten Zahnarztbesuch« – fertig ist ein Präsent von Format. Gewarnt werden muss aber ausdrücklich vor dem Überreichen einer Tafel Ritter Sport mit den Worten: »Hämo Ritter, hämo Sport.«

10.

Merke: Wenn Knete, dann mit einem flotten Spruch. 100 Euro sind nichts, 100 Euro mit Schleifchen und dem Spruch »Kauf deiner Frau was Nettes zum Ausziehen« erheitern jeden Herrenabend.

11.

Einem Schwaben zum Vierzigsten eine Tube Zahnpasta zu schenken, ist auf den ersten Blick wenig originell. Erst der rechte Spruch auf der Glückwunschkarte macht daraus ein Event, das auch eine hochprozentige Geburtstagsgesellschaft zu vorgerückter Stunde noch zu honorieren weiß: »Natürlich bist Du mir auch zehn Tuben wert. Doch was für eine Verschwendung wäre es gewesen, jetzt, wo die dritten Zähne nah sind.«

12.

Wenn Geld für Sie als Geber keine Rolle spielt – dann drängt sich ein Navi auf, ein Navigationssystem zum hinter die Windschutzscheibe Klemmen. Ein 40-jähriger Schwabe mit Navi an Bord gilt in Fachkreisen als frühreif. In Wahrheit ist es das Lieblingsspielzeug der Rentner. Deshalb werden bei Markengeräten nicht nur Kneipen mit Premiereanschluss genannt, sondern auch Altenheime und gastronomische Betriebe mit ausgewiesener Seniorenkarte.

13.

Bücher-, CD- und DVD-mäßig geht so ziemlich alles, das die Zahl 40 im Titel trägt. Hier nur eine Auswahl: »Ali Baba und die vierzig Räuber«, »Vierzig Wagen westwärts« (DVD, Western von 1965 mit Burt Lancaster und Lee Remick. Regie: John Sturges), »40 Rosen« (Familiengeschichte des Schweizer Schriftstellers Thomas Hürlimann), »Wir sind alle über vierzig – Der Skihütten-Mix« (CD des volkstümelnden Ösi-Duos Brunner & Brunner), »Afrikanisches Fieber. Erfahrungen aus 40 Jahren« (Bericht des polnischen Journalisten Ryszard Kapuscinski), »Die vierzig Tage des Musa Dagh« (1933 erschienener historischer Roman des Schriftstellers Franz Werfel, der den Völkermord an den Armeniern literarisch verarbeitet). Außerdem zu empfehlen: »Die Erde ist ein gewaltiges Paradies. Reportagen, Essays, Interviews aus vierzig Jahren«, von Ryszard Kapuscinski; »Vierzig Gewehre«, Western von Samuel Fuller (auf DVD erhältlich); »Tour de France live! Vierzig Jahre Reportagen vom berühmtesten Radrennen der Welt«, von Herbert Watterott; »Vierzig Radwanderwege«, von Raymond Elcheroth; »Das andere Kuhbuch. Vierzig Rasseporträts und mehr«, von Michael Brackmann; »Mein verrücktes Italien. Verstreute Notizen aus vierzig Jahren«, von Umberto Eco; »Israel und Deutschland. Vierzig Jahre nach Aufnahme diplomatischer Beziehungen«, Amos Oz; »Vierzig Jahre. Ein Lebensbericht«, von Günter de Bruyn; »Auf dem Polarkreis unterwegs. Vierzig Tage Alaska, Kanada und Grönland«, von Klaus Scherer; »Vierzig Jahre Deutsche Harmonia Mundi – Mythomania (Von Hexen, Feen, Zauberern und Geistern)«, von Bären Gässlin und Baren Gasslin (CD). Was glauben Sie, was die Aufzählung dieser Bücher und CDs für ein Heidengeschäft gewesen wäre, wenn es kein Internet gäbe.

14.

Eines der originellsten Geschenke zum Vierzigsten ist dem Autor erst kurz vor Drucklegung dieses Buchs zu Ohren gekommen: Ein Vater hat seinem Sohn zum Vierzigsten mit einem Fahrradhelm beglückt. Die Message, die der Mann seinem Sprössling damit auf den weiteren Lebensweg mitgegeben hat, ist eindeutig (auch wenn der Vater beim Aushändigen des Geschenks kein Wort verlor): So, mein Sohn, nachdem nun auch du das Schwabenalter erreicht hast und endlich mit Gscheitheit geschlagen bist, solltest du ein bissle mehr auf deinen Grent (für Nichtortskundige: deinen Kopf) aufpassen. Überhaupt, Väter schenken ihren Söhnen zum Vierzigsten gern das, was sie ihnen bisher verwehrt haben: ihren Respekt. Doch ihr, liebe Jubilare, solltet euch nicht zu sehr darüber freuen. Das verliert sich auch wieder. Meist ist dr Jonge am nächsten Tag schon wieder dr Jonge.

15.

Was wäre ein Geburtstag ohne Gutschein. Ein Gutscheingeschenk ist ein Geschenk, bei dem der Schenker eine gute Chance hat, dass es nie zur Auszahlung kommt. Besonders empfehlenswert: Gutscheine für ein Essen beim Eritreer am Eck (besonders zu empfehlen, wenn man weiß, dass dessen Familie in den nächsten Tagen abgeschoben wird).

16.

Und dann wäre da noch die Herrenhandtasche, in Fachkreisen als »Detlev« bekannt. Soll in dieser Saison wieder groß in Mode kommen, habe ich mir von einem führenden Herrenhandtaschenausstatter sagen lassen. Im Grunde ist gegen dieses Utensil auch nichts einzuwenden, denn

nichts ist unangenehmer, als Geldbörse, Zigarettenetui, Autoschlüssel, Terminkalender und Präservativpackung am Körper zu tragen. Es spricht also nichts gegen eine Herrenhandtasche, außer vielleicht, dass sie vor allem praktisch ist und beknackt ausschaut.

17.

Zum Vierzigsten drängt sich ein Gemeinschaftsgeschenk regelrecht auf. Ein Wellness-Wochenende in einem Hotel der Garni-Klasse. Das ist ein bisschen wie beim »Mord im Orientexpress«: Alle hatten die Hand am Messer. Als besonders gemein gelten bei Verheirateten nach wie vor Flugreisen nach Bangkok mit dem Hinweis, er dürfe eine Person seiner Wahl mitnehmen.

18.

CDs sind selbstverständlich auch erlaubt, wenn sie keine 40 im Titel tragen. Entscheidend ist, dass sie originell verpackt sind, etwa als überdimensionales Hustenbonbon. Oder einfach nur eine CD in Zeitungspapier einwickeln und »Keine Schokolade« draufschreiben.

19.

Apropos Schokolade: Eine Hot-Chocolate-Massage gilt als zarteste Versuchung seit der Erfindung der längsten Praline der Welt. Hab ich als Erlebnisgutschein für 69 Euro im Internet entdeckt. Da nicht sicher ist, dass die Schokoflecken wieder rausgehen, erst an den dunklen Körperstellen ausprobieren.

20.

Warum haben sich Volkshochschulkurse noch nicht als Geschenk durchgesetzt? Wo es doch so wunderbare Pro-

gramme gibt: Ikebana für Beziehungsgestörte; Mehr Leidenschaft in der Liebe durch Fußreflexzonenmassage etc.

21.

Der Vierziger ist der erste Geburtstag, den der Schwabe in
größerer Runde feiert. Da drängt es sich regelrecht auf, den
Hausherrn mit dem Auftritt einer Table-Dancerin zu erfreu-
en. Ist zwar nicht ganz billig, hat aber den Vorteil, dass man
Hausherr und Hausfrau während der Aufführung beobach-
ten und Prognosen über ihre Beziehung anstellen kann.

22.

Als Faustregel gilt: Je größer die Performance (also der Akt
des Geschenküberreichens), desto kleiner kann die Gabe
ausfallen. Sie verschwindet dann sozusagen hinter der Prä-
sentation. Was in Unterwäsche überreicht wird, braucht
den Verkehrswert von 20 Euro nicht zu übersteigen.

23.

In diesem Zusammenhang sei auch an ein Grillbesteck
erinnert. An sich nicht sonderlich originell, könnte man
meinen. Deshalb empfiehlt sich eine Glückwunschkarte
als Beigabe: »Für jemand, der nun ein Alter erreicht hat,
in dem er nichts anbrennen lassen sollte.«

24.

Nahezu unbezahlbar sind Geschenke, die nostalgische
Gefühle wecken: Einfach mal in einer Kiste auf dem Dach-
boden nachschauen, in der man abgelaufene Liebesbriefe,
vergilbte Abschlussballfotos, verdreckte Musikkassetten,
vermackte Matchbox-Autos usw. aufbewahrt. Irgendwas
wird einem schon in die Hände fallen, das mit dem Jubilar
im weitesten Sinn in Verbindung gebracht werden kann.

Entscheidend ist, beim Überreichen des Präsents halbwegs überzeugend zu heucheln, dass man sich von dem
Schatz nur schwer trennt.

25.

Der Klassiker: Eine Zeitungsseite vom Geburtstag des Jubilars besorgen. Ist zum Dreißigsten wahrscheinlich auch
schon jemand draufgekommen, aber mit hoher Wahrscheinlichkeit ist die Seite verschwunden oder zumindest
vergilbt. Bastelfreudige Zeitgenossen montieren eine fik-
tive Geburtsanzeige des Jubilars ins Druckwerk hinein.

26.

Beliebt ist auch das Erstellen eines persönlichen Horos-
kops. Dabei ist allerdings einige Fantasie notwendig, sonst
merkt man, dass Sie den Text von einem Würfelzucker
abgeschrieben haben.

27.

Nicht ganz günstig, aber unter Umständen höchst wert-
voll: ein Defibrillator. Es handelt sich dabei um ein me-
dizinisches Gerät, das durch gezielte Stromstöße Herz-
rhythmusstörungen wie Kammerflimmern und Kam-
merflattern oder ventrikuläre Tachykardien, Vorhofflim-
mern und Vorhofflattern beenden kann. Erfreut sich in
S-Bahnstationen und Betrieben immer größerer Beliebtheit. Es dürfte also nur eine Frage der Zeit sein, bis auch
die Privathaushalte Bessergestellter damit ausgerüstet
werden. Da das Gerät einem Batterieladegerät fürs Auto
ähnlich sieht, sollte unbedingt auf den prinzipiellen Unter-
schied hingewiesen werden. Sie können natürlich auch
ein deutlich günstigeres Batterieladegerät schenken und
behaupten, es handele sich um einen Defibrillator. Im

Ernstfall können Sie ja immer noch sagen, das Geschenk sei eher symbolisch gemeint gewesen.

28.

Ein Geschenk, das vor allem das Umfeld des Jubilars freut: der Nasenhaarschneider. Mit guten Modellen lassen sich nicht nur die aus den Öffnungen des Riechkolbens wachsenden Haare kappen, sondern auch die, welche auf dem Nasenrücken entspringen oder aus den Ohrmuscheln wuchern.

29.

Immer ein Ankommer sind Präsente für die Wohnungseinrichtung, vorzugsweise fürs Klo. Lustige Halter zum Aufhängen der Klopapierrolle, hübsche Umhäkelungen für die Ersatzrolle – wäre doch gelacht, wenn wir da nicht auf einem Flohmarkt fündig würden. Lassen Sie sich von der Reaktion des Jubilars nicht beirren: Er freut sich, kann es aber bloß nicht so zeigen.

30.

»Der Pschyrembel«, jenes wunderbare medizinische Nachschlagewerk des Verlags Walter de Gruyter, Berlin, sollte in keinem Haushalt fehlen, in dem ein älterer Mensch lebt. Da gerade mit 40 die Wehwehchen häufiger werden und der Schwabe als denkender Mensch ohnehin zur Hypochondrie neigt, ist dieses wunderbare Standardwerk des Berliner Arztes und Universitätsprofessors Willibald Pschyrembel (1901–1987) ein Must.

31.

Äußerst spaßig: ein Abo von »Men's Health«. Nicht weil das Lifestyle-Magazin unbedingt lesenswert wäre. Aber es stimmt immer wieder froh, wenn in einer Runde von Schwaben der Titel ausgesprochen wird: Mänshäls.

32.

Also gut, vergessen Sie Mänshäls, war nicht so gut. Ist ja aber auch gar nicht so einfach mit den 40 Tipps, wie ich mir das gedacht habe. Bin richtig froh, dass der Schwabe nicht erst mit 150 gscheit wird. Bevor Sie mir noch wegpennen, will ich Sie lieber mit ein paar Warnhinweisen bei Laune halten. Im Folgenden nun Dinge, die man keinesfalls zum Vierzigsten schenken sollte:

33.

Verboten sind Präsente zum Aufblasen, ganz gleich, für welchen Zweck sie gedacht sind. Es könnte leicht passieren, dass der Beschenkte vor lauter Begeisterung die Gabe gleich selbst aufblasen möchte. Das ist gerade mit 40 ein nicht zu unterschätzender Kraftakt. Kann mir nicht vorstellen, dass Sie die Verantwortung dafür übernehmen wollen. Und wenn Sie es doch tun, überlegen Sie sich vorher, mit welchem Spruch Sie die Witwe wieder aufzuheitern gedenken.

34.

Was fürs Auto, wie unter Punkt 6 beschrieben, ist nie ein Fehler. Allerdings begeistern sich Männer mit 40 kaum noch für Fuchsschwänze. Und falls doch, dann sollten Sie besser die Einladung zum Fest ausschlagen und den Kontakt abbrechen.

35.

Was Konsumartikel wie Bücher oder Filme angeht, so verbieten sich aus Gründen der Pietät Werke, in denen

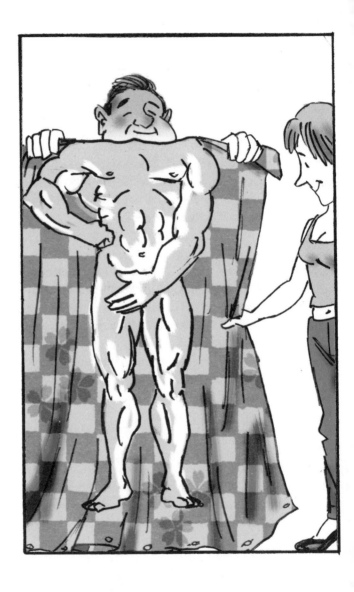

Schwaben um die 40 durch Herz-Kreislauf-Störungen und andere Zivilisationskrankheiten spontan ableben. Fluggesellschaften zeigen während des Flugs ja auch keine Filme über Flugzeugabstürze.

36.

Ebenfalls auf dem Index stehen Medikamente, die auf liebeserhaltende Maßnahmen abzielen. Sie wollen wissen, warum sich das verbietet? Fragen Sie Ihren Arzt oder Apotheker.

37.

Für stimulierende Elektroartikel gilt ebenfalls Punkt 36.

38.

Ziemlich daneben ist auch der Bettüberzug »Der perfekte Mann« (gibt's im Internet für schlappe 40 Euro). Der Witz an der Sache ist, dass auf dem Stoff ein nur wenig bekleideter, aber gut gebauter Männerkörper abgebildet ist. Den Kopf dazu liefert der bis zum Hals zugedeckte Jubilar. Bringt die Angetraute womöglich auf dumme Gedanken, dass dringend der Kopf mal ausgewechselt werden müsste.

39.

Es gibt Menschen, die finden es originell, eine Mehrwertsteuererhöhung zu verschenken. Hüten Sie sich davor, tun Sie es nicht. Zum einen wissen Sie nie, welche Anschaffung der Jubilar beabsichtigt, also für was Sie dann bluten müssen. Zum anderen dürfte nichts in den kommenden Jahren so sicher sein wie eine erneute Mehrwertsteuererhöhung. Nachdem bei der Ankündigung der letzten Erhöhung die Umsätze dermaßen anstiegen, kann man es keiner Regierung verdenken, wenn sie es nicht nochmal versucht.

40.

Rent a butler, die Sache mit dem Mietbutler. Wird nur von Spießern als originelles Geschenk empfunden. Denn im Grunde läuft das Geschenk auf eines von zwei Katastrophenszenarien raus: Entweder bändelt die Frau des Hauses mit der dienstbeflissenen Haushalthilfe an. Oder der Hausherr entdeckt den Reiz dienstbarer Geister männlichen Geschlechts und wird schwul. Beides führt dazu, dass wir uns eine Einladung zum 50. abschminken können.

Feier frei!

Den ersten Geburtstag, den der Schwabe in der Regel groß begeht, ist, wie gesagt, sein Vierzigster. Mit 40 beginnt auch die Zeit der Jahrgangstreffen und verspäteten Klassenausflüge. Mit 40 kommt das Dezimalsystem voll zum Tragen. Von nun an trifft man sich alle zehn Jahre wieder, plaudert über die ach so schöne Vergangenheit und stellt von Mal zu Mal fest, dass die anderen noch älter ausschauen als man selbst und die Einschläge so langsam näher kommen. Wenn man das selbst nicht mehr feststellen kann, tun es die anderen für einen. Und falls auch das nicht geht, ist eine Generation ausgestorben.

»In meiner Heimatstadt Schwäbisch Gmünd«, schreibt Peter-Michael Mangold auf seiner Internetseite zum Schwabenalter, »werden noch jedes Jahr im großen Stil die Altersgenossenfeste gefeiert. Jeweils derselbe Jahrgang ist in einem Altersgenossen-Verein organisiert und ab dem 40. Lebensjahr zieht man bei einem runden Geburtstag durch die Stadt und lässt sich von den Passanten feiern. Der Tag beginnt mit feierlichen Böllerschüssen vom Salvator und endet mit einem großen Ball in der Stadthalle.« Und mündet in einen gottsallmächtigen Ballen.

Solche Jahrgangstreffen sind im Grunde eine deprimierende Veranstaltung. Vor allem die Underdogs gehen hin und hoffen, dass nach all den Jahren die Karten neu gemischt werden. Doch spätestens nach dem sechsten

Viertele ist allen am Tisch klar: einmal Klassendepp, immer Klassendepp. Noch schlimmer aber trifft es den früheren Klassenkasper. Er geht mit denselben Kalauern von damals ins Rennen und damit sang- und klanglos baden. Und dann sind da noch die Helden von einst, die Kerle, die bei jeder landen konnten – außer bei den Superweibern, die sich nur mit den Mopedfahrern aus der Oberstufe abgaben. Sie alle sind gefrustet, aufgeschwemmt, verlebt – unter Fachleuten spricht man vom Brigitte-Bardot-Effekt.

FORTYSOMETHING –
DIE FANTASTISCHEN 40

In den späten achtziger Jahren strahlte die ARD die amerikanische TV-Serie »Die besten Jahre« aus. Das heißt, von Ausstrahlen konnte eigentlich keine Rede sein. Man hat die Serie im Spätprogramm so gut wie möglich versteckt. Die mit zig Emmys preisgekrönte Reihe erzählte den Alltag von Hope, Michael und noch ein paar amerikanischen Zeitgenossen um die 30. Die Akteure verliebten sich, heirateten, bekamen Kinder, wurden geschieden, schwul, bi, hetero, kurzum, es war das pralle Leben und merkwürdigerweise dennoch unterhaltsam.

Im Original hieß die Serie »Thirtysomething«, »Dreißignochwas«. Mit 40 wundert sich der Schwabe nun, wo denn die Fortsetzung bleibt, »Fortysomething«. Sind die Hauptdarsteller alle gestorben? Stehen sie nicht mehr zu ihrem Alter? Haben sie sich mit der Rolle in einer Daily Soap in die Frührente verabschiedet? Geben die Vierzignochwas keine filmreifen Szenen her? Aber natürlich tun sie das. Sie haben schließlich die spätpubertäre Aufgeregtheit von 30-Jährigen abgelegt. Es würde weniger geredet, dafür aber mehr gesagt.

Eine Weiterführung dieser Serie – sie könnte ja statt in Philadelphia in Stuttgart-Botnang spielen – wäre auch deshalb wünschenswert, weil der Schwabe mit 40, selbst wenn er von Gscheitheit nur so durchdrungen ist, durchaus des einen oder anderen nicht rezeptpflichtigen Aufputschmittels bedarf. Mit 40 plagen selbst wackere Schwaben die ersten Zipperlein. Mit 40 hält er im Freibad nicht nur die Luft zum Tauchen an, sondern auch, um seinen Ranzen zu verstecken – doch es hilft nichts, der Wohlstandsgürtel um die Hüfte kommt beim nächsten Ausschnaufen umso deutlicher zum Vorschein.

Ja, mit 40, so scheint es unserem 40-plus-Schwaben, werden die Furchen auf der Stirn des Hausarztes tiefer, wenn der ihm zur bereits erwähnten Vorsorgeuntersuchung rät. So eine Vorsorgeuntersuchung, weiß der Schwabe, ist im Grunde gar nicht schlimm. Der Arzt zieht sich dazu einen Gummihandschuh über. Dass die Angelegenheit problematisch werden kann, beschrieb der Hypochonder und »Pschyrembel«-Leser Harald Schmidt mal in einem tiefschürfenden Gespräch mit dem in medizinischen Dingen nicht weniger beschlagenen Jürgen von der Lippe. Wenn der Herr Doktor hinter dem Patienten stehe, sich am After desselben zu schaffen mache und plötzlich rechts und links die Hände des Medizinmanns auftauchten, dann sei Gefahr in Verzug. Doch wir gleiten ab.

Eine Fortschreibung der Serie »Thirtysomething« wäre aus unserer Warte nicht nur wünschenswert, sondern, wie der Ostälbler zu sagen pflegt, ein Muscht. Endlich bekäme der Schwabe jenseits der 40 ein Denkmal gesetzt, das ihm bisher, wie eingangs angerissen, von den hohen und niederen Künsten verwehrt wird.

Selbstverständlich wäre er der Held der Reihe, der immer dann in Erscheinung tritt, wenn gar nichts mehr geht. Seine Auftritte würden jedes Mal von einem genäselten

»Mo klemmt's« eingeleitet. Er würde als einzigartiger Botschafter der Liebe, ständig die Hand im Schritt wie weiland Michael Jackson, ein ganz neues Feingefühl wecken. Sein Lebensziel wäre eine globale Verbrüderung, die er im persönlichen Umfeld bereits eindrucksvoll lebt, mit seinen Kegel- und Skatbrüdern. Wo sind die Drehbuchautoren, die einer so realen Kunstfigur endlich Leben einhauchen?

DIE RÜCKKEHR ZUR
MÜTTERLICHEN SOSS

Aus dem Schwäbischen kennen wir die Liebkosung »I hann di zom Fressa gern«. Nach 20 Jahren Ehe wird der Ton zwar mitunter rauer, die Leidenschaft aber noch immer mit dem Essen in Verbindung gebracht, weshalb der vorige Satz sich nun so anhört: »I hab di trotz deim Fressa gern.« Frauen und Ernährung – der Zusammenhang wurde mutmaßlich in der frühkindlichen Phase gesäugt – sind für den Schwaben zwei Seiten ein und derselben Medaille. Verstärkt wird dieses gegenseitige Sich-Durchdringen durch ein anderes Phänomen: Bis er endlich 40 werden durfte, wurde unser wackerer Schwabe mit unendlich vielen Fressmoden überhäuft – und das, ohne dass er jemals eine Frauenzeitschrift in Händen gehalten hätte. Das Dilemma fing damit an, dass er Frauen bussierte, die nach irgendwelchen Schicksalsschlägen (oder weil sie gerade einen Artikel oder ein Buch gelesen hatten, das ihnen »wahnsinnig zu denken gab« oder »total neue Perspektiven eröffnete«) ihr Leben auf den Kopf gestellt hatten. Sie waren: Vegetarierinnen, Veganerinnen oder durchlebten, frei nach Oswald Knolle, eine aus Amerika stammende Kartoffeldiät. Für unseren Jungschwaben kein Problem, er war jung, dumm und fest gewillt, sich mit den Essgewohnheiten der von ihm Angebeteten zu arrangieren. Vor allem die Kartoffeldiät sprach ihn geradezu an: »Elles essa außr Grombira, des gohd.«

Doch mit 40 hat der Schwabe solche Speichelleckerei-
en bei Tisch satt. Nun steht er zu seiner inneren Über-
zeugung, was im Falle eines Ehedaseins für seine Gattin
nicht immer leicht zu verdauen ist. Während sie es bisher
immer nur vermutet hat, dass ihr Mann den Kartoffelsalat
seiner Mutter dem ihren vorzieht – nun ist sie sich sicher,
dass dem so ist: Denn er spricht es offen aus. Jetzt kommt,
um im Bild zu bleiben, der ganze Kartoffelsalat auf den
Tisch. Gleiches gilt für handgschabte Spätzle, Gaisburger
Marsch oder Kutteln. Allen frustrierten Gattinnen sei an
dieser Stelle ans Herz gelegt: Liebe frustrierte Gattinnen,
ihr könnt so viel VHS-Kochkurse »Wie's die Großmutter
g'kocht hot« belegen, wie ihr wollt. Es wird euch nichts
nützen. Ihr werdet die wichtigste Frau im Leben eures
Mannes, die Wölfin, die ihn einst gesäugt hat, nicht von
ihrem kulinarischen Olymp verdrängen können. Eure
Chance steckt woanders: Besinnt euch aufs Kerngeschäft.
Versucht euch, auf dem Gebiet der Erotik fortzubilden.
Wie wichtig die sexuelle Glückseligkeit des Mannes auf
Erden ist, erkennen wir an all den gefrusteten Islamisten,
die sich mittels Detonation in ein Reich mit einer Million
Jungfrauen katapultieren wollen. Auf eine anständige
Schwäbin werden sie dort jedenfalls nicht treffen. Und
Kutteln gibt's auch nicht.

Das Leben jenseits der 40 ist als ein offenes Bekenntnis zur
Schlachtplatte zu verstehen, zum Rostbraten mit Maultaschen – kurzum, zu all jenen Speisen, die nach einem
Schnaps zum Nachspülen geradezu schreien. Letztlich
verbirgt sich dahinter nichts anderes als die Rückkehr zur
mütterlichen Soß. Bevor der Schwabe sich das eingeste-
hen kann, hat er alles Mögliche unternommen, nur dass
ihm keiner nachsagen konnte, auf ihn träfe das Sprichwort

»Was der Bauer net kennt, des frisst er net« in besonderem Maße zu. Mir ist der Fall zweier Jungschwaben bekannt, die Mitte zwanzig aus diesem Grund einen Körnerkurs besucht haben. Sie überstanden die Kochabende (kann man bei einem Körnerkurs überhaupt von Kochen sprechen?) nur deshalb halbwegs unbeschadet, weil sie sich zuvor beim Metzger ihres Vertrauens mit einer Kofferraumladung Fleisch- und Ochsenmaulsalat eingedeckt hatten, die sie nach dem Öko-Seminar im Auto mit laufenden Motor hinunterputzten. Merke: Der Schwabe mit 40 spart sich das Geld für den Körnerkurs. Als überzeugter Trennkostler geht er direkt zum Metzger.

Nachdem er sich nun also mit 40 zu seinen Geschmacksnerven bekannt hat, macht er sich daran, die Rezepte seiner Mutter zu stibitzen – nicht dass sie sich unerwartet vom Acker macht und er hinterher mit leeren Händen dasteht. Dies bei Lebzeiten zu tun ist weniger aufwändig, als nach Mutters Erkalten den Inhalt ihrer Gefriertruhe an ein chemisches Labor zu geben, um so hinter das Geheimnis von Maultaschen und Käskuchen zu kommen. Rein kulinarisch ist der Schwabe mit 40 also zum Weltbürger mutiert. Er weiß, dass er überall auf diesem Globus überleben kann – wenn nur genügend Soß am Essen ist.

Mit 40 wird ihm auch klar, dass ein bisschen Schwaben überall ist. Der Mundartdichter Helmut Pfisterer hat den Nachweis in seinem Nachschlagewerk »Schwäbisch – Varianten einer Weltsprache« eindrucksvoll geführt. Egal ob Englisch (Function = Fängst du ihn?), Französisch (Renommée = Anfeuerungsruf bei Sportwettkämpfen), Italienisch (Audiamo bella sentire = Auch diese, welche bellen, sind Tiere), Latein (Dia vellet auditur = Die Herrschaften buchen auch diese Strecke) – der Schwabe findet in jeder Sprache der Welt Laute, die in ihm heimatliche Gefühle auslösen. Weil der 40-plus-Schwabe ein weltoffener Mensch ist, sagt er auch ja zu Hanoi.

EIN AUSLAUFMODELL

Auch wenn der Schwabe mit 40 weiß, dass im Grunde das meiste gelaufen ist, fängt er an zu laufen. Am Wochenende, im Urlaub, morgens vor der Arbeit, abends nach der Arbeit, wenn's sein muss, auch mal in der Mittagspause. Nicht selten kommt es vor, dass der Schwabe jenseits der 40 sich zu seinem ersten Marathon aufmacht. »Das«, erklärt er seinem Weib und seinen Kollegen, »ist mein ganz persönlicher Herzschrittmacher. Wer lang läuft, lebt lang.«

Würde er schneller laufen, könnte man von einer Übersprungshandlung sprechen. Aber so sind es nur die klassischen Regungen eines Auslaufmodells, es ist ein letztes Aufbäumen. Getragen wird der Schwabe bei seinen Bemühungen von der vagen Hoffnung, dass er auf dem Weg so manchem Zipperlein davonlaufen kann. Auch wenn er im Grunde weiß, dass ihm dies nicht gelingt, er läuft und läuft – was sein Weib mit wohlwollendem Murren zur Kenntnis nimmt: »Emmr no besser, wie wenn er säuft ond säuft.« Das Laufen, behauptet unsrer wackerer Springinsfeld, »isch mei Deng, do kann i abschalta«. Kunststück, bewegt er sich doch in einem Schritttempo vorwärts, das in der restlichen deutschsprachigen Welt eher als gehen bezeichnet wird. Eine Idee langsamer und er würde von Lungenatmung auf Photosynthese umstellen.

Dem Schwaben ist das einerlei, wenn er etwas im Überfluss hat, dann ist es Zeit. Wenn er einen Schritt vor den andern tut, ist das für ihn Laufen – obwohl der Rest der deutschsprachigen Welt dies als Gehen abtut. Gehen, das ist für den Schwaben eine Bewegung auf abstrakter Ebene: Lass mi ganga. Oder: Wie got's dir? Mir got's guat. Aber sobald die Füße ins Spiel kommen, wird der Schwabe gehbehindert. Dann läuft er. Oder, wenn's gar zu arg pressiert, dann saut er.

Dass er sich dem ausdauerhaften Laufen erst mit 40 hingibt, hängt mit seinem unbedingten Willem zum Leiden zusammen beziehungsweise zur Leidenschaft. Leidenschaft ist für ihn das, was Leiden schafft. Schaffa, schaffa, Leida schaffa ond net noch de Mädla gaffa. Als Jungspund blöd durch die Gegend zu rasen ist ihm zu fad, zu unspektakulär. Aber jetzt, da der Körper seine ersten Notrufsignale aussendet, jetzt ist es eine Herausforderung. Außerdem ist der Schwabe davon überzeugt, durch die Lauferei die Erlaubnis zu erkaufen, das eine oder andere Schnitzel extra vertilgen zu dürfen.

Dies führt uns zu einem weiteren Charakterzug des 40-plus-Schwaben. Er ist ein Überzeugungstäter, wie man ihn in dieser Konsequenz kein zweites Mal in der Republik findet. Er tut so manches, nur um des Tuns willen. Er spielt Lotto, nicht weil er Millionär werden will, sondern weil er an den ordnungsgemäßen Zustand des Ziehungsgeräts und der 49 Kugeln glaubt. Und er fährt Daimler, nicht weil er ein Aufschneider wäre, sondern weil er den Stern auf der Motorhaube für ein religiöses Symbol hält (was es im Grunde auch ist).

So ähnlich verhält es sich auch mit dem Laufen. Der Schwabe hat keine Chance, jemals als erster durchs Ziel zu laufen – aber er nutzt sie. Im Grunde läuft es wie bei dem Loriot-Paar, das vor einem kaputten Fernseher sitzt. Auf die Frage seiner Frau, warum er denn immer zur Glotze schaue, antwortet der Mann: Er lasse sich doch von so einem kaputten Fernseher nicht vorschreiben, wohin er zu gucken habe. Loriot, bürgerlich als Vicco von Bülow bekannt, ging von 1938 bis 1941 ins humanistische Eberhard-Ludwigs-Gymnasium in Stuttgart. Grundlegende Wesenzüge des Volksstammes können dem intelligenten Bub nicht entgangen sein.

LEIDER MACHEN KLEIDER LEUTE

Was die Kleiderordnung des 40-plus-Schwaben angeht, so haben wir uns bisher dezent zurückgehalten. Dies hängt damit zusammen, dass wir immer noch die Hoffnung gehabt haben, dass sich wenigstens einer der 40 angeschriebenen Herrenausstatter meldet und sich mit einer Kollekte oder wenigstens mit abgetragenen Stücken seiner Kollektion erkenntlich zeigt. Wir hätten dann schamlos für seine Klamotten Reklame gemacht, aber so bleibt uns nichts anderes übrig, als in einem labelfreien Kapitel das Thema zu bearbeiten.

Grundsätzlich gilt für den Herrn ab 40 schwäbischer Provenienz, was für andere Zeitgenossen auch gilt: Je älter das Gesicht, desto jugendlicher die Garderobe. Lang, lang ist's her, als man über reife Frauen noch witzeln konnte, sie passten ihre Kleidung ihrem Körper an und würden deshalb zum Faltenrock greifen. Heute geht die Tochter zu Mamas Schrank, wenn sie mal was richtiges Hippes sucht. Aber auch unser Schwabe jenseits der 40 ist ein echter Trendsetter. Er trug schon bauchfrei, da war das noch nicht mal bei Jugendlichen in Mode. Korrekterweise müssen wir aber erwähnen, dass er nicht deshalb Bauch zeigte, weil sein Leibchen eine schicke Kürze besaß, sondern der Ranzen ein solches Volumen erreicht hatte, dass von einem entspannten Miteinander zwischen Körper und Oberteil keine Rede mehr sein konnte.

Aber auch sonst stellen wir bei unserem 40-plus-Schwaben einen interessanten Widerspruch fest. Je langsamer seine Bewegungen, desto sportlicher sein Outfit. Trug er in jungen Jahren seine Trainingshose nur bei der samstäglichen Wagenpflege, so guckt er nun im VfB-Trikot und mit Fußballstiefeln »Sportschau«. Doch auch in Zivil ist der Mann im besten Schwabenalter hervorragend auszumachen: Er stopft seine Hosentaschen dermaßen voll, als müsse er sekündlich damit rechnen, in der freien Wildbahn, 5000 Kilometer von jeglicher Zivilisation entfernt, ausgesetzt zu werden. Für den Fall ist es zweifelsohne praktisch, wenn man ein Schweizer Taschenmesser inklusive Flaschenöffner und Nagelschere dabei hat, nebst einem viel zu dicken Geldbeutel, der vor lauter Quittungsbelegen schier aus allen Nähten platzt. Und nicht zu vergessen: diverse vollgeschneuzte Tempo-Taschentücher.

Bisher haben wir uns mit Witzen zurückgehalten und uns auf drittklassige Kalauer beschränkt. Nun aber, da wir uns mit der Haute Couture beschäftigen, kommen wir nicht umhin, den folgenden zu erzählen: Ein Schwabe über 40 ließ sich beim Arzt gründlich untersuchen. Man checkte den Mann von oben bis unten durch, zapfte Blut und sonstige Körperflüssigkeiten, die Aufschluss über den Gesundheitszustand des Mannes geben konnten. Das Dumme war nur, dass die ins Labor geschickten Proben verschütt gingen. Der Mann fluchte nicht schlecht, als er von seinem Hausarzt aufgefordert wurde, noch einmal eine Sperma-, eine Urin- und eine Stuhlprobe abzugeben. »Das ist doch kein Problem«, sagte seine Frau, »schick doch einfach deine braune Cordhose.«

Womöglich erlebt die Cordhose, das Beinkleid des gesetzten Mannes, wegen dieses hochwertigen Witzes gerade eine Renaissance. Während früher junge Menschen sich des Slogans »Cord ist Mord« bedienten, schätzen sie heute das leicht muffige Beinkleid über alles – dies nur ein Punkt, der belegt, dass der 40-plus-Schwabe von Haus aus ein modisches Käbsele ist.

DER TOD
DER »DAUBEN SAU«

Der Schwabe, das sei für die Querleser und Überblätterer an dieser Stelle noch einmal erwähnt, wird erst oder schon mit 40 gscheit. Welches Schicksal der Schwäbin zuteil wird, darum haben wir uns bisher herumgemogelt. Vor ein paar Jahrzehnten wäre die Sache noch einfach gewesen. Dann hätten wir an dieser Stelle behauptet: Was muss das Weib gscheit werden? Ist es doch dem Manne untertan, da schadet es nichts, wenn es zeitlebens dümmer als sein Gebieter bleibt. Außerdem vereinfacht das die Hausarbeit. Wer über den Sinn des Lebens nachdenkt, dem kann man unmöglich ein Spülmittel andrehen, das angeblich die Hände pflegt. Und der ist auch nicht so ohne weiteres von der reinigenden Manneskraft von Meister Proper zu überzeugen.

Aber heute, da können wir uns so abgeschmacktes Zeugs nicht mehr leisten. Da wissen wir, dass auch das Weib seinen Mann steht (eine wunderbare Floskel, sie funktioniert noch immer im Kreise bewegter Frauen, führt mitunter sogar zu Protestgeschrei). Die Rolle der Frau ist aber auch deshalb nicht hoch genug anzusiedeln, da das Weib als potenzielle Käuferin dieses Büchleins zu unseren engsten Verbündeten zählt. Schon deshalb sind wir heute darauf angewiesen, von dieser Stelle aus den Tod der »dauben Sau« zu verkünden. Wir gehen sogar so weit und behaupten, dass das Schwabenweib mit 40 keine Erleuchtung hat, weil es die nicht braucht. Es kommt schon so gscheit auf die Welt, so dass ein Mehr des Guten zu viel wäre.

Allein schon diese Anbiederung zeigt, wie elend es um den Zustand des männlichen Selbstbewusstseins im 21. Jahrhundert bestellt ist. Auch das ist eine Erkenntnis, die dir als Schwabe erst zuteil wird, nachdem du vier Jahrzehnte auf diesem Planeten gewandelt bist.

Die späte Erkenntnis des Geburtshelfers

Der moderne Mann kann sich gegenüber dem modernen Weib zwar so manche Ungeheuerlichkeit leisten. Nur eines kann er sich nicht erlauben: bei der Geburt seiner Kinder nicht zugegen zu sein. Wer bei der Zeugung seine Finger im Spiel hatte, so die bestechende Logik, die sich dahinter verbirgt, aber nie ausgesprochen wird, der soll gefälligst auch bei der Niederkunft seinen Mann stehen.

Und nicht erst da. Wer sich weigert, mit seiner Frau bei einem Geburtsvorbereitungskurs in Wollsocken um die Wette zu hecheln, der gilt als Zeuger der Anklage – als dumpfer Samenspender ohne soziales Gewissen. So ein Kurs ist die Voraussetzung dafür, dass der Mann Monate später so tun kann, als wisse er, was sein Weib gerade durchmacht. Das Erstaunliche ist, dass der Mann an seine frühe Vaterrolle glaubt. Er ist felsenfest davon überzeugt, durch bloße Anwesenheit den Geburtsvorgang erleichtern zu können. Mir persönlich ist der Fall eines jungen Mannes bekannt, der an einer Art Krankenhaus-Phobie litt. Die Folgen waren fatal: Immer, wenn der Kerl, an sich ein gestandenes Mannsbild, ein Hospital betrat, bekam er weiche Knie und musste sich flach auf den Boden legen. Selbst dieser arme Wurm war nicht davon zu überzeugen, während der Niederkunft seiner Frau mit seinen Kegelbrüdern einen heben zu gehen. Er stand ihr liegenderweise zur Seite.

Erst mit 40 fällt allmählich der Groschen und es setzt sich beim Schwaben die Erkenntnis durch, dass seine Rolle als Geburtshelfer heillos überschätzt wurde. In Wahrheit war er vor allem als Zahlmeister anwesend, denn für zwei Leute kann man beim Geburtsvorbereitungskurs mehr kassieren als für eine Person. Und das Durchschneiden der Nabelschnur hat in etwa einen so starken Einfluss auf die Vater-Kind-Bindung wie ein ins Meer geworfener Kiesel auf den Anstieg der Ozeane. Die späte Einsicht im Alter von 40 Jahren freilich nutzt ihm nichts. Die Sache ist gelaufen. Wenn sein Weib nun mit etwas schwanger geht, dann mit dem Gedanken, den jämmerlichen Geburtshelfer wieder loszuwerden.

VOM ENDE DER BESCHEIDENHEIT

Nennen wir ihn Sepp, obwohl er womöglich Theobald hieß. Im fernen Südostasien ist mir Anfang der achtziger Jahre ein Bayer mit seiner ihm angetrauten Bayerin begegnet. Sie trugen zwar nicht die landesübliche Tracht, was bei 32 Grad im Schatten und 90 Prozent Luftfeuchtigkeit auch kaum zu empfehlen gewesen wäre. Aber sie waren aufgrund ihres Zungenschlags als Weiß-Blau-Blütler zu erkennen. Es war nicht das erste Mal, dass ich mit Angehörigen dieses Volksstammes Kontakt hatte, schließlich hatte einen das eine oder andere Auswärtsspiel des VfB nach München geführt – aber noch nie ist mir die Selbstsicherheit dieses Menschenschlags so aufgefallen wie an jenem traumhaften Sandstrand nahe der malaysischen Küstenstadt Kuala Terengganu. Nicht genug, dass die Bayern die paar Brocken Bahasa Melayu, die sie beherrschten, mit der ihnen eigenen Färbung würzten (aus einem schlichten, wohltemperierten »Terima kasih!« für »Dankeschön« wurde ein »Jo, terima kasih, nochamol«). Es waren die ständigen Bezüge auf die eigene Herkunft und der unerschütterliche Glaube daran, dass die Welt ein einziges Paradies der Glückseligkeit wäre, hielte man sich mehr an die bajuwarische Lebensart und an Franz Josef Strauß.

»Oiso, des mit der Malaria«, sagte mir der Sepp einmal ganz im Vertrauen, als wir uns gerade über gebratenen Reis mit Garnelen hermachten und dazu Sojabohnenmilch in uns hineinschütteten. »Oiso, des wär überhaupts kein Problem, wenn die Asiaten jeden Tag a Steak essn ond a Weißbier trinkn dädn.« Baby Schimmerlos hätte das nicht schöner sagen können. Ich war tief beeindruckt und riet ihm, den Ernährungstipp der WHO zukommen zu lassen.

Wir haben damals versucht, unseren Schwabenkomplex dadurch zu überspielen, dass wir mit den Eingeborenen nur noch akzentfreies Schwäbisch sprachen und ihnen Grundbegriffe wie »Herrgottslangmrnonder« und »donderschlächtiger Grasdackel« beibrachten. Aber das konnte nicht darüber hinwegtäuschen, dass wir dem Bayern, mutmaßlich ein Mannsbild Mitte 30, in Wahrheit nichts entgegenzusetzen hatten. Wir waren Anfang 20 und noch gut 20 Jahre entfernt davon, dem Deppen Paroli bieten zu können.

Der Schwabe muss sage und schreibe 40 Jahre alt werden, um sich offen zu seinem Dialekt zu bekennen. Bis es so weit ist, lernt er wie besessen Fremdsprachen und beherrscht diese bald akzentfrei, wie er es beim Hochdeutschen nie hinbekommt. Dies hat dazu geführt, dass er im Ausland oft für seine Fremdsprachenkenntnisse beneidet, in Hamburg aber für seine Deutschkenntnisse belächelt wird. Mit 40 macht er endlich schamlos sein Maul auf.

Ein Anwärter
im Gespräch

Einem gängigen Vorurteil zufolge gilt der Schwabe als verstockt. Dass dem nicht so ist, wird im folgenden Interview deutlich. Wenn es schon zum Coming-out des Schwaben keine wissenschaftlichen Arbeiten gibt, so wollen wir mit einer kleinen Fallstudie aufwarten. Wir baten einen Fastvierziger zum Gespräch – und haben Erstaunliches erfahren. Das Gespräch wurde übrigens der besseren Lesbarkeit halber aus dem Schwäbischen ins Schriftdeutsche übertragen. Wir empfehlen, das Interview mit verteilten Rollen bei einer Vierzigerfeier vorzutragen. Die Nummer ist bestens dazu geeignet, um nach dem Auftritt des Männerballetts die Gemüter wieder zu beruhigen. Was die Urheberrechtfrage angeht, so dürfte es keine Probleme geben: Sie haben mit dem Kauf dieses Buches den einmaligen Vortrag des folgenden Textes bereits bezahlt.

Herr Schlotterbeck, Sie werden in wenigen Wochen 40 Jahre alt. Spüren Sie schon was?
Nicht die Bohne.

Sie glauben doch aber daran, dass es beim Schwaben mit 40 noch mal einen Schnackler tut?
Unbedingt. Ich hab das erst neulich meinem Chef gesagt, der mich auf eine Fortbildung schicken wollte. »Spar dir das Geld«, hab ich ihm gesagt, »bald hab ich mehr in der Birne, als dir Halsabschneider lieb sein kann.«

Und, wie hat er reagiert?
Er hat sich für den Hinweis bedankt und gemeint, das hätte ihm 1500 Euro gespart. Die werde er nun in seine neue E-Klasse investieren. Ich glaube, er hat sich einen beheizten Aschenbecher dazubestellt. Mein Chef selbst hat, wie sie vielleicht merken, die 40 bereits erreicht. Deshalb hat es mich auch mit Stolz erfüllt, als er meinte, mein Hinweis sei der Beleg dafür, dass die Erleuchtung schon vor der Tür stehe. Im Übrigen kann ich es mir gar nicht leisten, mit 40 nicht schlau zu werden.

Wie das?
Nun, meine Frau, meine Kinder, kurzum mein persönliches Umfeld rechnet fest damit. Was haben die mir in den vergangenen Jahren schon alles für Schnitzer verziehen, immer von der Hoffnung getragen, dass der Tag der Erleuchtung doch noch kommt.

Sie reden ja wie ein Psychologe, dabei sind Sie doch nur Einkäufer in einem Getränkemarkt.
Chefeinkäufer. Und außerdem fürs Leergut zuständig. Aber jetzt, wo Sie es sagen, spür ich es auch. Es scheint wirklich nicht mehr lange zu dauern.

Herr Schlotterbeck, wir danken Ihnen für dieses Gespräch.
Das haben Sie jetzt aber vom »Spiegel« geklaut.

DAS ENDE IST ZWAR NICHT NAH, ABER DAS MEISTE GESCHAFFT

Jenseits der 40 neigt der Schwabe dazu, wir haben es eingangs erwähnt, sein Leben zu überschauen. Also geht er dazu über, für den Fall der Fälle sein Testament zu schreiben und – in dieser Form einzigartig im deutschsprachigen Kulturraum – seine Grabrede selbst zu verfassen. Das mit der Grabrede ist nur deshalb kaum bekannt, weil es ihm seine angeborene Bescheidenheit nicht erlaubt, damit hausieren zu gehen. Mit dieser eisernen Regel wollen wir nun, aus Gründen der Unterhaltung, brechen.

Der Vorteil einer selbstverfassten Grabrede ist kaum von der sterbenskalten Hand zu weisen. Wer verstünde es, ihn, den verblichenen Schwaben jenseits der 40, besser zu würdigen als er selbst. Doch eine solche Rede bedarf einiger Überlegungen. Sollte es sich um eine Rede mit humoristischen Passagen handeln, so ist es ratsam, sie zuvor von seiner Frau lesen zu lassen. Nichts ist peinlicher als eine am Grab lachende Witwe. Das ist fast so schlimm, wie wenn die Jacob Sisters mit ihren Pudeln auftauchen – eine Entgleisung, die der große holländische Showmaster Rudi Carrell seinerzeit zu verhindern wusste, indem er sich im engsten Kreis seiner Verwandtschaft bestatten ließ. Es sei genug gewesen, sagte Carrell zu Lebzeiten in einem seiner letzten Interviews, dass die Damen durch ihre Anwesenheit die Atmosphäre bei der Beerdigung vom Münchner Schickeria-Star Mooshammer versaut hätten.

Doch wir schweifen ab. Heldenverehrung am Grab ist eine Selbstverständlichkeit, ja womöglich sogar ein Menschenrecht. Und wenn sie aus eigener Hand kommt, ist sie immer noch am wirkungsvollsten. Ohnehin geht der Trend eindeutig zur Bestattung aus einem Guss, die ganz im Sinne des Verblichenen über die Bühne geht. Das haben selbst die entsprechenden Institute erkannt. Eines wirbt beispielsweise mit dem Foto einer ziemlich aufgebrezelten alten Lady und dem Slogan: »Wollten Sie, dass Tante Hiltrud singt?« Natürlich will das der 40-plus-Schwabe genauso wenig wie der 70-plus-Schwabe. Und auch die Pudel der Jacob Sisters, die im garantiert unpassendsten Moment ein Beinchen heben, können ihm gestohlen bleiben. Außerdem setzt sich auch bei Beerdigungen Sponsoring immer mehr durch, was nicht selten in Nachsätzen wie diesem gipfelt: »Diese Trauerrede wurde Ihnen präsentiert von Särge und Prokovjew, dem Beerdigungsinstitut Ihres Vertrauens. Gestatten Sie, dass auch wir dem Verstorbenen weiterhin alles Gute wünschen. In diesem Sinne. Gut Holz.«

Für so einen Reklamespruch lässt ein Institut bei einer gut besuchten Bestattung schon mal einen vierstelligen Eurobetrag springen. Man könnte dieses Geld zwar dafür nützen, um die Bestattungskosten zu drücken. Doch vor solchem Uneigennutz ist unser Schwabe jenseits der 40 gefeit. Er versäuft das Geld lieber selbst, solange es seine inneren Organe noch erlauben.

Rein inhaltlich wird der Schwabe seine Grabrede nutzen, um mit seinen Widersachern abzurechnen. Besonders wirkungsvoll ist es, wenn er das Thema Erbschleicherei anspricht. Dies hat zur Folge, dass der Kreis der potenziellen Leichenschmaus-Gesellschaft mit einem Schlag kleiner wird. Das schafft Planungssicherheit für die Testamentsverkündung. Wer am Grab rechtschaffen abgekanzelt wird, braucht dort erst gar nicht zu erscheinen. Der verblichene Schwabe kann also ausschließen, dass bei dieser Gelegenheit außer Tränen der Rührung auch solche der Enttäuschung fließen.

WIRD DER SCHWABE
ALLE 40 JAHRE GSCHEITER?

Doch noch, liebe Leserinnen und Leser, ist unser Schwabe quietschlebendig – und so sollten wir abschließend ein Thema ansprechen, das mit zunehmender gesamtgesellschaftlicher Methusalemisierung immer drängender wird. Wenn der Schwabe mit 40 gscheit wird, was passiert dann mit ihm, wenn er 80 oder gar 120 Jährchen auf dem Buckel hat? Macht es nach jeder Viererdekade einen Schnackler, so dass man froh ist, wenn er die 120 nur in Ausnahmefällen erlebt, weil er sonst vor lauter Gscheitheit nicht mehr auszuhalten wäre? Keine Sorge, die Entwicklung wird dadurch im Zaum gehalten, dass der Mensch an sich mit zunehmendem Alter zum Schwachsinn neigt. Auch der Schwabe ist davon nicht ausgenommen. Nur kommt ihm eben zugute, dass seine Neigung zur Gscheitheit dem entgegenwirkt und er selbst in hohem Alter kaum zu Ausfallerscheinungen neigt. Eine Eigenart, die bisher dem regelmäßigen Konsum von Rebensaft zugesprochen wurde.

Dass ein Schwabe älter als 120 wird, kommt selbst in Gegenden nicht vor, in denen die Welt noch in Ordnung und die Luft von Kuhstallduft durchtränkt ist – und das ist auch gut so. Würde er noch älter werden, müsste unser Methusalem erfahren, wie sein Geist allmählich flöten geht. Denn irgendwann wird auch des Schwaben Hirn zu Kompott.